Poesie ist Licht und Dunkel

Gedichte – natürlich

von Ines Langs

*(aus den Jahren 1997 bis 2008,
auf Deutsch und Englisch)*

ISBN-13: 9783837076929
Herstellung und Verlag: Books on Demand GmbH, Norderstedt

Elsa Walther gewidmet.

Liebe Tante Elsa!
Vielen Dank für alles, was Du mir auf den
Lebensweg mitgegeben hast!

Dank
1999

Schau' ich dich an,
dann seh' ich Wärme,
seh' Liebe und Geborgenheit.
Und wenn ich kann,
dann such' ich deine Nähe,
vergesse ganz und gar die Zeit.
Bist weise, klug, erfahren,
du zeigst so viel Gefühl.
Darüber bin ich mir im Klaren:
Du bedeutest mir sehr viel.

Was mein Auge geschaut und mein Ohr gehört …

Nächtliche Schrecken
1997

Dunkle Schatten im Wald
umhüllen kahle Bäume.
Nebel breitet sich bald
um sie wie düst´re Träume.

Ein Wolf stimmt an zum Nachtgesang,
und schauerlich wehklagt der Wald.
Wer´s hört, erzittert in Angst und Bang,
der Körper wie Eis so kalt.

Doch selbst solch schauderhafte Nacht
besitzt nicht Herrschaft für immer.
Wenn morgens früh die Sonne lacht,
erduldet die Ängste sie nimmer.

Herbstabend
25.10.1998

Die Sonne geht unter.
Dunkle Wolken schieben sich vor sie,
vom Sturmwind getrieben.
Sie reißt Lücken in die graue Wand,
färbt den Himmel feurig gelb und rot.
Misteln hängen im Geäst kahler Bäume
wie Nester, die verlassen sind.
Regentropfen am Fenster,
im goldenen Licht wie Spinnfäden im Morgentau glänzend.
Letzter Abschiedsgruß an den Herbsttag,
ehe die Sonne versinkt.

Goldmeer
1999

Ein goldenes Meer,
strahlend gelb in der Sonne,
stumpfes, mattes Gelb im Schatten
und doch eine Einheit,
wogend vom Wind getrieben
erstreckt es sich bis zum Horizont.
Darin zu liegen,
sich treiben zu lassen:
ertrinken, doch nicht sterben.
In Freiheit zu segeln
unter der wärmenden Sonne:
grenzenlos lieben und träumen.

In Ruhe
21.07.2007

Die Uhr anstarren
die Sekunden zählen
einatmen …
ausatmen …
einatmen …
den Atem anhalten –
die Stille hören
tick …
tack …
tick …
die Zeit vergessen
zur Ruhe kommen.

Die Liebe …

Gefunden
15.12.1998

Ich habe dich gefunden,
meine Liebe.
Doch mir scheint,
du willst nicht gefunden sein,
nicht von mir.
Was soll ich tun,
wie kann ich dich erreichen?
Die Sehnsucht nach dir
zerfrißt mich.

Verwirrt
16.12.1998

Ich stehe rum,
laufe rum,
versuche, nicht an dich zu denken.
Doch mein Herz will anders,
als mein Kopf will.
Du bist in mir,
was ich auch tu.

Sehnsucht
18.12.1998

Sehnsucht begleitet mich
auf all meinen Wegen.
Sehnsucht,
dich zu berühren,
Sehnsucht,
deine Haut auf meiner Haut zu spüren.
Sehnsucht,
dich zu küssen,
Sehnsucht,
dich ganz nah bei mir zu wissen.
Sehnsucht,
die mich zerfrißt,
Sehnsucht,
die beinahe übermächtig ist.

Abgewiesen
27.01.1999

verlassen und verwaist
hock ich im Dunkel meiner Nacht
mein Herz, es ist vereist
durch diese schwarze Macht

vergebens schreie ich nach dir,
bin rastlos, ohne Schlaf und Ruh
Ängste werden wach in mir,
alle Türen schlagen zu

Schuld
01.02.1999

In meinen Träumen seh ich dich,
bin hungrig und verzehre mich
nach dir.
Ich fühle diese Ungeduld,
die große Schwere meiner Schuld
in mir.
An jedem Tag, da such ich dich,
verirre und verliere mich
ohne dich.

Traum
03.03.1999

Küß mich,
wie du mich geküßt hast
letzte Nacht!
Laß mich
das Feuer spüren
zwischen dir und mir!
Nimm mich
in deine weichen Arme
und halt mich fest!

Du
17.03.1999

Du gibst mir Kraft,
du bist mein Weg.
Du machst meine Träume wahr,
du bist mein schönster Traum.
Dich trag ich in meinem Herzen,
dich vermiß ich mit Schmerzen.
Dich will ich spüren,
dich woll'n meine Hände berühren.
Dir gehören meine Gedanken,
zu dir steh ich, ohne zu wanken.
Dir will ich all meine Liebe geben,
dir würd ich mein Herz zu Füßen legen.

Halt die Zeit an!
30.03.1999

Halt sie an, die Zeit,
leb deinen Traum mit mir!
Wir erforschen diese neue Welt,
sehn uns um im Dunkel und im Licht.
Grenzen und Verbote gibt es nicht.
Laß uns nur tun, was uns gefällt!
Hier will ich sein, bei dir!
Halt sie an für uns, die Zeit!

Melancholie
09.04.1999

Die Strahlen der Abendsonne
durchbrechen die schweren Wolken.
Sie scheinen in mein Herz,
erwärmen es,
tauen es auf.
Wie sehr wünsche ich mir,
daß auch du diese Strahlen siehst
und an mich denkst.

Schreiben gegen das Vergessen
18.04.1999

Ich sitze hier und schreibe,
schreibe Gedichte über dich.
Ich schreibe sie für dich,
doch vor allem für mich,
um meiner Angst zu entkommen,
daß ich dich vergessen könnte.
Denn ich will dich nicht vergessen,
weil ich dich liebe,
dich so sehr vermisse,
daß ich es nicht aushalte
ohne einen Weg,
mich zu äußern.
So schreibe ich Gedichte,
die all das sagen,
was ich dir nicht sagen konnte.

Ich liebe dich
Juni 1999

Ich liebe dich,
denn du tust mir gut.
Ich liebe dich,
denn mit dir kann ich lachen.
Ich liebe dich,
denn vor dir kann ich weinen.
Ich liebe dich,
denn du hilfst mir.
Ich liebe dich,
denn du verstehst mich.
Ich liebe dich so sehr!

Dolche
1999

Ich mag es, wenn du lachst,
mag deinen verträumten Blick
und die Dolche, die du mit den Augen
nach mir wirfst.
Niemals verfehlen sie ihr Ziel:
mein Herz, das für dich schlägt,
durchbohren es mit süßem Schmerz,
den deine Nähe mich jedoch
vergessen läßt.

Begierde
30.08.1999

In Flammen stehend,
nichts mehr sehend
außer deinem Bild.

Jeden Nerv in mir fühlend,
mein Bett aufwühlend
beim Gedanken an dich.

Deine Küsse trinkend,
in deine Arme sinkend,
wenn du bei mir bist.

Symbiose
22.09.1999

Seelen wie unsere
wiegen sich im gleichen Rhythmus,
vereinen sich im Bann der Musik
unserer Herzen.
Nimm mich mit,
zieh mich hinauf ans Licht,
führ mich in die Welt
unserer lebendigen Phantasie!

Liebeszweck
13.01.2000

Was bin ich
ohne dich?
Eine Blume,
die nicht gegossen wird,
ein Buch,
das nicht gelesen wird,
ein Lied,
das nicht gesungen wird.
Du bist
das belebende Wasser,
der Mensch, der in meinem
offenen Herzen liest,
der Musiker, der meine Seele
zum Klingen bringt.

Augenblicke
24.02.2000

Augenblicke,
in denen ich dich anschaue
und weiß,
daß ich dich liebe.
Momente
vertrauter Zweisamkeit
und Nähe.
Zeit
für gemeinsame Stunden
der Geborgenheit.

Sirene
2000

Ich tauche ein
in den Ozean
deiner tiefen Augen,
lasse mich fangen
von deinem Blick,
werde sanft entführt
vom weichen Klang
deiner Stimme.
Hörst du, wie mein Herz
für dich singt
und nach dir ruft?

Gewitter
12.06.2006

Feuer im Kopf
Sturm im Herzen
Ich winde mich
Wie unter Schmerzen
Liebliche Pein
Süßes Begehren
Ich kann mich der Lust
Nicht erwehren

Zu Dir
27.09.2007

Die Straßen der Stadt sind naß und leer,
die Lichter rauschen vorbei.
Ich bin nicht hier, ich seh sie nicht mehr,
rufe dein Bild in mir herbei.

Du hast mich gefangen mit deinem Blick,
deine Augen sprechen mit mir.
Ich sinke und falle, ich will nicht zurück,
will einfach nur zu dir.

Gesang der Schatten
17.05.2008

Es tut gut, von dir zu träumen
im letzten Tageslicht,
es gibt nichts zu versäumen,
ich denk an dein Gesicht.

Die Schatten singen leise,
ihr Lied bringt mich zur Ruh,
mein Herz geht auf die Reise,
ich weiß, sein Ziel bist du.

Licht und Dunkel …

Eis in Flammen
30.01.2007

Sturm im Kopf
Gewitter im Herzen
Frühling im Bauch
laufen, stehen
sitzen, liegen
rennen, rennen
atemlos, schwerelos
Gedanken in Fetzen
Gefühle im Wirbel
leben im Traum
träumen im Leben
haltlos, furchtlos
heißes Blut
kalter Schweiß
zittern und beben
kopflos, hilflos
zuhören, zuschauen
warten, warten
sterben in Raten

Hinter den Bildern
04.02.2007

Was verbirgt sich
hinter den Bildern,
hinter den Fassaden?
Endlose Leere oder
Gefühle im Rausch?
Oder beide vermählt
im Bann des Wahnsinns?
Ein Schrei in der Nacht,
Träume statt Realität,
verdammt zum Lieben,
gefangen in der Stille.

Im Dunkel
16.05.2007

Es gibt einen Ort,
da ist kein Licht,
da hörst du kein Wort,
da siehst du nicht.
In dunkler Stille
verirrst du dich,
kein starker Wille
beflügelt dich.
Du suchst nach Zeichen,
du tastest umher,
spürst alles weichen,
der Raum ist leer.

Schatten an der Wand
22.05.2007

Keine Kerze, die das Dunkel erhellt,
keine Musik, die die Stille aufhält,
nur das Licht, das durchs Fenster fällt,
wodurch sich Schatten zu Schatten gesellt.

Die Schatten umgeben mich,
mit den Schatten lebe ich,
in den Schatten verlier ich mich,
mit den Schatten vergehe ich.

Hinter dem Vorhang (Haiku)
09.09.2007

Applaus brandet auf …
Doch dann hinter dem Vorhang …
Wer sieht deine Welt?

Licht und Dunkel
23.09.2007

Mal wieder auf der Suche
nach dem Ich in mir.
Zwischen Träumen von dir
schlagen Ängste zu Buche.

Bei Lichte besehen
wirkt alles so schal,
so schrecklich normal,
nur schwer zu verstehen.

Wen wundert es dann,
daß das Licht ich scheue,
mich am Dunkel erfreue,
wo ich bei dir sein kann?

Der Tag, an dem der Nebel kam
05.10.2007

Der Tag, an dem der Nebel kam,
war ein Tag wie jeder Tag.
Der Nebel, der die Sicht mir nahm,
hemmte meines Herzens Schlag.

Bei jedem Schritte folgt er mir,
löscht meine Spuren aus,
raubt meine Kraft wie ein Vampir,
trinkt meine Seele aus.

Doch du schickst einen Sonnenstrahl
in meine Nebelwelt.
Du zeigst den Weg mir aus der Qual,
du hast mein Herz erhellt.

Was liegt auf der anderen Seite?
28.12.2007

Angenommen, wir wüßten,
was die Zukunft uns bringt,
von welch fernen Küsten
uns ein Lockruf erklingt:

Ertrügen wir dann leichter
den Weg, der vor uns liegt?
Wär'n die Gewässer seichter,
wär uns're Angst besiegt?

Beschwingte Seele
04.06.2008

Leise und sacht
tritt ein Licht in mein Herz,
zur Ruhe gebracht
sind Kummer und Schmerz.

Sanfte Stille
erfüllt mich tief,
es erwacht ein Wille,
der lange schlief.

Gedanken schweigen,
meine Zweifel sind stumm,
ein Lichterreigen
kehrt die Dunkelheit um.

Meine Seele fliegt,
nichts hält sie mehr auf,
die Angst ist besiegt,
alles nimmt seinen Lauf.

Auf der Reise zu den Sternen
23.06.2008

Bin wieder auf der Reise
und finde doch kein Ziel.
Die Stimmen singen leise:
„Du willst einfach zu viel.

Auf ewig wirst du suchen
nach dem, was du ersehnst.
Die Zeit wirst du verfluchen,
die du so grausam wähnst."

Doch werd ich weiter hoffen,
werd neue Wege gehn.
Der Himmel steht mir offen,
ich werd die Sterne sehn.

Richtungswechsel
25.04.2008

In ihren Gesichtern keine Regung,
in ihren Körpern keine Bewegung,
so sitzen sie auf harten Bänken,
eine Richtung ihr Blick, eine Richtung ihr Denken.
Einer da vorn, der verschafft ihnen Wissen,
dabei lässt sein Ton jede Freude vermissen.
Doch dann wird die ewige Ruhe gestört,
ein Raunen kommt auf, „Es ist unerhört!"
Einer kommt zu spät und zieht sich dann
eine leere Bank zum Sitzen heran,
stellt sie auf ganz schräg zur ersten,
die starren Masken beginnen zu bersten,
Unglauben im Blick, aber auch Haß,
nervöses Tuscheln: „Was soll denn das?!"
Bis dann einer von ihnen die Stimme erhebt,
die vor Wut und Verachtung bebt:
„Wie kommt's, dass er es immer wieder schafft,
in eine and're Richtung als wir zu sehn?"
Da spricht jener laut und mit Leidenschaft:
„Die mit allen in eine Richtung gehn,
werden irgendwann die Verlierer sein."

Feuervögel
29.09.2008

Im hellen Schein der Flammen
tanzten die Worte umher,
kamen verspielt zusammen,
sie zu fangen, war nicht schwer.

Die Flammen sieht man nicht mehr,
die Glut im Innern aber lebt,
doch der Worte Flügel sind nun schwer,
da ist kein Hauch mehr, der sie hebt.

Ihr Feuervögel, kommt zurück,
steigt auf in neuem Glanz!
Es findet meine Seele nur ihr Glück
in eurem wilden Tanz.

Poems in English – Miscellaneous
(some with fitting pictures)

Gedichte auf Englisch – Verschiedene
(einige mit passenden Bildern)

Coping Strategy
19.04.2007

I did the only thing
there was to do:
I cried.
Buried myself in my bed,
blind and deaf
to the world around me.
Pitied myself for my fate.
Cried over the bliss
that has been.
Cried myself into sleep
that was dreamless.
Awoke again
with words in my head
that slowly formed
this poem.
I shall be content again
in time …

Chocolate vs. a kiss
21.04.2007

Scientists say that
dark chocolate is
more exciting
than a kiss.
But I'd prefer
a kiss of my lover,
full of passion and
so much sweeter than
chocolate could ever be!

The Music Of My Heart
April 23, 2007

The music of my heart
Is romantic and sweet,
Tender, full of harmony.

Yet sometimes seeping in
Come disharmonic tunes
Disturbing my heartbeat,
Making my soul shake.

Yet the music of my heart
Will never surrender to
The enemies of my soul,
Which are agony and fear.

Lost Idol (Dedicated to Nick Owen)
June 3, 2007

A golden idol
flushed away
by bloody tears.
But it was the blood,
that brought healing
to the wounded heart.
Drops of the soul
caught and saved
by loving hands.

Modern Gods
July 3, 2007

They bring music, they bring light,
offering a magic night
full of stories, full of tales,
and their magic never fails
to enchant the willing masses,
time so very swiftly passes.
Drunken by the sound and light,
believers aim for pure delight,
dancing with the burning stars,
passing Venus, Moon and Mars
on their way to oblivion,
each of them being a cosmic son
or daughter of the universe,
strong against any curse
and any evil spell,
they would even challenge hell
to get what they desire:
to be burnt by their Gods' fire.

(written at the Genesis concert in Berlin Olympiastadion)

A song for you
August 6, 2007

I sing for you,
reach for the stars,
colour the sky,
paint the world,
and in this moment
you love me.

On silver wings I fly to you (Dedicated to Rosa Cobos)
September 20, 2007

On silver wings I fly to you
over endless oceans
and deserts of pain.

Oh, when I hear you call for me
with all your heart and soul,
I'll fly to be with you.

H(a)unting Moon
October 27, 2007

I saw the moon tonight,
it seemed to be too bright,
too big and just unreal,
and coldness I began to feel.

I feared the way it glowed,
the strange things that it showed.
I ran away so fast,
til I was home and safe at last.

Confidence (Dedicated to R.)
November 4, 2007

Lying here in my alcove of
my manyfold doubts and fears,
I still am confident,
because I know
that you are there
to spend your light.

Underwater Heat
November 13, 2007

There is an ocean in me:
dark and deep and blue.
And deep below,
covered by vessels of the past,
there burns a raging fire,
a love with enormous heat,
which boils my soul
and sets my heart ablaze.

Flying free (to someone, who knows why)
November 30, 2007

You told me to fly free
like the birds up in the sky,
but you took hold of me,
so I couldn't get very high.

I felt my wings all the time
and tried to go my way.
You think that it's a crime
that I brought you dismay.

I only ask one thing of you:
don't keep my soul in chains.
Let me fly free into the blue,
where I can fight my pains.

Dancing on the stars (Haiku)
December 17, 2007

Dancing on the stars ...
Dreaming of eternal love ...
Blinded by the light ...

The glow comes from within
January 14, 2008

If you wanted to see
the love I have to offer,
what would you try?

If you happened to be
my long-time lover,
would you make me cry?

If you really loved me,
you would discover
that my soul can fly.

Angels Wept (Dedicated to my Grandma)
January 20, 2008

And the angels wept,
when you passed away.
Your traces are swept
by life's tidal spray.

And your voice is gone,
all the light you spread.
So much left undone,
you just went ahead.

A Light For Each Soul
January 27, 2008

Sometimes a soul breaks free
of its worldly bounds.
It flies away to see
sweet heavenly grounds.

And left behind in grief
we should understand
that now it found relief
in a better land.

Checkmate
February 1, 2008

Finally I fought myself through to you,
so many obstacles in my way.
But now I stand right before you,
and there I intend to stay.

You can choose to love or to die,
there is no difference, in fact.
So please stop to be shy
and let us connect.

Love Torture
March 29, 2007

Oh what a torture love can be
taken and given
driven
by all the spirits
of heaven and hell
choking on a yell
laughing and crying
living and dying
in sweet pain and ecstasy

Light Visit
February 12, 2008

A ray of light came to visit me
in my soul's tristesse.
I regarded it friendly,
not quite sure what to do.

Should I let it reflect off my skin,
staying cold inside,
or let it gently seep in
to warm my freezing heart?

Flying into the Sun
February 25, 2008

And I spread my wings,
soared high up to the clouds,
came closer and closer
to the sun's cruel heat.

Freedom burned my eyes,
so I searched for shelter
and sank back to the ground,
feeling that I failed.

On Top of the World
February 27, 2008

For a single moment,
just the shortest of moments,
I felt like a queen,
like nothing could hurt me,
like I was free.
The moment passed
and left me behind
with just one more dream.

Out of reach
March 4, 2008

Each time I think
that I got close to you,
something interferes,
and within the blink
of an eye I'm losing you
in the endless spheres
of illusion and dreams,
just one world too far away
and always out of reach.
So to me it seems
that there is no way
to get across that breach.

With my head in the clouds
March 12, 2008

With my head up in the clouds,
I walk through every day,
don't know my whereabouts,
but my feet, they find their way.

So I'm walking mile for mile
lost in my thoughts and dreams.
On my face there is a smile,
I'm happy, as it seems.

You're the sun in my universe
April 11, 2008

Right now, everything is revolving
around you and your tender touch.
All knots in my mind are just solving,
for my fears I don't care very much.

Between Night and Day we touch the Light
April 23, 2008

Between night and day we touch the light,
between sheets of time we hold on tight,
in velvet we enwrap our secret dreams,
and on we float on silver scented streams.

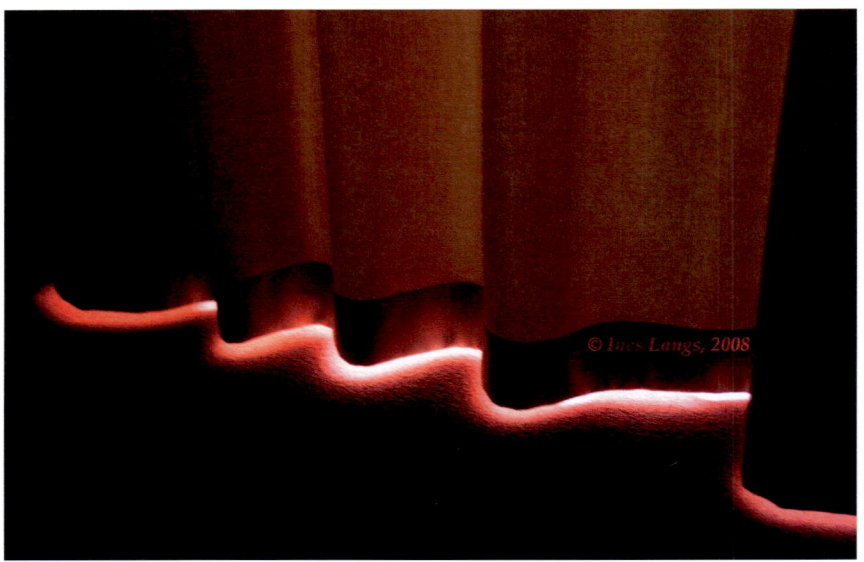

There's hope wherever you look (Haiku)
June 6, 2008

In friendly waters ...
Caressed by a tender light ...
Hope and love unfold ...

Facing dissolution
June 9, 2008

Something's gnawing at my face,
something's erasing every trace
of what I once thought was my life,
cutting right through like a knife.

I'm facing the day of my doom,
for futile regrets there's no room,
I know that my hope is forlorn,
I wish I had never been born.

Waking Dream
2008

Living each day in a dream
acting as if in trance
sleepwalking among people awake
The trivial is beyond me
I'm out of step
out of time
out of touch
with the world around me
'cause I've found a world
in you

Angel in Despair
July 19, 2008

What good are wings,
when you're troubled inside?
Too many things,
from which you can't hide.

Heaven is far
and the nights are too long.
Feeling the scar,
everything seems so wrong.

So far to go,
so much pain to endure,
until you know,
only love is your cure.

Little Defeats
July 22, 2008

It's not the big things,
which bring me down.
It's the little defeats,
this feeling to drown.

I can feel very fine
for most of the day,
but one little mistake
makes me lose my way.

How I wish I could brave
this foe in my mind,
so the curtain would fall,
I am living behind.

Reaching Out for You (Haiku)
July 26, 2008

Reaching out for you ...
Not finding you next to me ...
Only shadows here ...

She's Bathing in the Light
August 27, 2008

She needs nothing more
than the light on her skin.
She's chaste to her core,
she knows of no sin.

See her bathe in the light,
for her there's no pain.
Everything is alright,
no need to explain.

Breaking through the cracks
September 17, 2008

I keep my feelings in check,
as long as I'm in the light,
but they start striking back
at the break of night.

The surface then starts to crack,
pain oozes out of my heart,
there is no turning back,
and I'm torn apart.

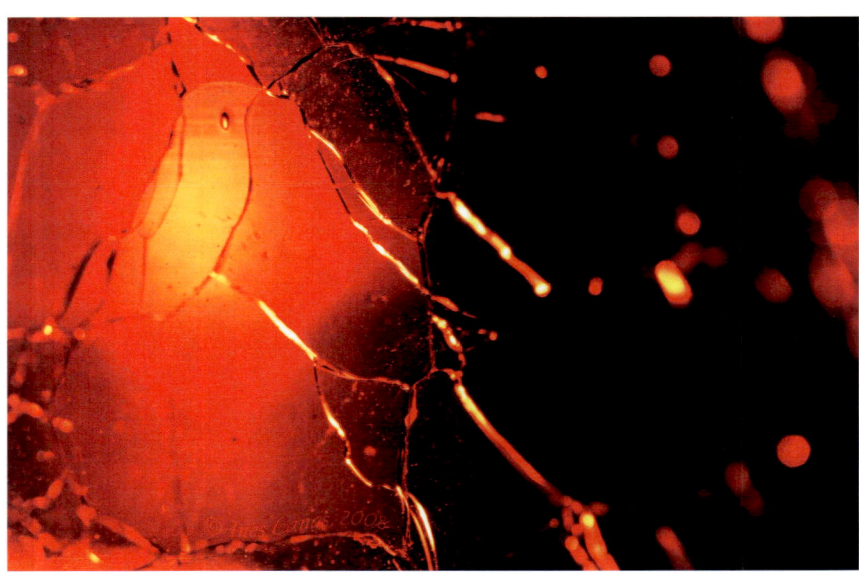

I only need a soft breeze to lift me up into the skies
October 26, 2008

Softly I came down to rest,
lying still now for a while.
When the sun is turning West,
you can see me softly smile.

Morning sun will wake me up
with his tender loving kiss.
And a breeze will lift me up,
lets me fly again in bliss.

The light cuts through everything
November 10, 2008

The light finds you
wherever you are,
whether you're down
in the deepest pit of your soul
or shut away
in the darkest closet to be found.
It will cut through the fabric
of your nightmares and fears,
cut you til you shed
the poison that is in your heart.